CB138645

Fábio Galasso e Claudia Souto

Magias para Prosperidade

Exú do Ouro

Copyright © 2025 Editora Rochaverá Ltda. para a presente edição,
todos os direitos reservados para a Editora Rochaverá Ltda. Nenhuma parte desta edição pode ser utilizada ou reproduzida por qualquer método ou processo sem a expressa autorização da editora.

Título:
Magias para Prosperidade - Exú do Ouro

Autores
Fábio Galasso e Claudia Souto

Revisão
Yolanda Souto

Capa
Fábio Galasso

Edição e Diagramação
Fábio Galasso

Internacional Standard Book Number
ISBN: 978-65-01-27420-1 / 64 páginas

Magias para Prosperidade

Exú do Ouro

ADVENTENCIA!

Esses rituais são um ponto de partida para quem quer cultivar um relacionamento com Exú do Ouro e atrair prosperidade de forma espiritual.

São práticas e rituais adicionais que podem fortalecer seu relacionamento com Exú do Ouro e atrair prosperidade.

Com esses rituais e práticas de prosperidade ligados ao Exú do Ouro. Esses novos rituais se concentram em aprofundar sua conexão com o espiritual e canalizar a energia da prosperidade em várias áreas da vida.

Esses rituais oferecem uma variedade de maneiras de trabalhar com Exú do Ouro para atrair prosperidade, seja através de oferendas, banhos ou o uso de cristais.

Exú do Ouro

Exú do Ouro é uma das entidades mais emblemáticas e reverenciadas nas tradições afro-brasileiras, especialmente na Umbanda e no Candomblé. Sua história e atributos são fascinantes, repletos de simbolismos relacionados à prosperidade, à riqueza e à abertura de caminhos.

Exú é um dos orixás mais importantes das religiões afro-brasileiras, e sua essência está ligada à comunicação e à intermediação entre os humanos e Deus. Dentro desse contexto, Exú do Ouro é uma das manifestações de Exú que se destaca por sua conexão com a riqueza, a prosperidade e o sucesso material. Ele é frequentemente associado ao elemento da terra, simbolizando o crescimento e a abundância.

A História de Exú do Ouro

A história de Exú do Ouro pode variar em diferentes tradições, mas um dos relatos mais comuns fala sobre sua origem como um dos filhos de Olorum, o Deus supremo na mitologia africana. Desde cedo, Exú se destacou por sua astúcia e habilidade em negociar, o que o tornou um intermediário entre os humanos e os orixás.

Em um de seus muitos contos, Exú do Ouro foi encarregado de levar uma mensagem importante entre dois orixás, e, ao longo do caminho, encontrou vários desafios. Ele usou sua inteligência e astúcia para superar cada obstáculo, mostrando a importância da comunicação e da estratégia na obtenção de sucesso.

Exú do Ouro é frequentemente representado por elementos que simbolizam riqueza, como ouro, dinheiro e objetos preciosos. Seu culto envolve a utilização de elementos como velas douradas, moedas e oferendas de alimentos doces e bebidas, como cachaça. Os devotos costumam realizar rituais para pedir sua ajuda na conquista de riqueza e prosperidade.

Além disso, Exú do Ouro é muitas vezes representado com uma estética que mistura a tradicional imagem de Exú, com seus trajes coloridos e adornos, mas com ênfase nos tons dourados e nas simbologias de riqueza. Ele é considerado um orixá alegre, sempre pronto para ajudar aqueles que se dedicam a ele.

Em muitas culturas, a busca por riqueza e prosperidade é um desejo universal. Exú do Ouro se destaca como uma entidade que não apenas representa esse desejo, mas também ensina sobre a importância do trabalho duro, da inteligência e da gratidão. Seus devotos acreditam que, ao invocá-lo, não só atraem riquezas, mas também aprendem a usá-las sabiamente e a compartilhar com os outros.

Magias e Rituais para Prosperidade

Montar um Altar ou Ponto de Força

Prepare um espaço consagrado para Exú do Ouro em sua casa ou terreiro. Ele deve incluir:

- Velas Douradas ou Amarelas: Representam a riqueza e a prosperidade.

- Moedas ou Dinheiro: Coloque moedas ou notas, simbolizando a energia do ouro.

- Cachaça ou Champanhe: Bebidas fortes e finas podem ser oferecidas em copos.

- Charutos: São uma oferenda comum para Exús em geral.

- Mel e Pão de Milho: São alimentos relacionados à fartura e à riqueza.

- Flores Amarelas: Para decorar e elevar a vibração do local.

Você pode acender uma vela para Exú do Ouro, oferecendo suas intenções e pedindo por abertura de caminhos financeiros, prosperidade e sucesso.

Obs. Qualquer firmeza para as entidades da esquerda como Exú do Ouro deve ser feita diretamente no chão em um local aproriado para firmezas de Exú, caso seja dentro de um templo religioso ou do lado de fora da casa, caso seja em sua morada.

Oferenda em Encruzilhada

Oferendas em encruzilhadas são tradicionais para Exú, mas devem ser feitas com cuidado, pois esse espaço é considerado sagrado para o culto aos Exús. Para Exú do Ouro, a oferenda pode incluir:

• Moedas douradas ou uma quantia simbólica de dinheiro.

• Charuto, cachaça e flores amarelas.

• Velas douradas, pretas ou vermelhas.

• Faça suas preces e pedidos com fé e seriedade.

Banho de Prosperidade

Um banho de ervas pode ser preparado para atrair a prosperidade sob a bênção de Exú do Ouro.

O que você vai precisar:

- Ervas: louro, canela em pau, folhas de laranjeira, alecrim.
- Moedas: 3 ou 7 moedas douradas.
- Mel: Uma colher para adoçar os caminhos.

Como fazer:

Ferva as ervas e deixe a água esfriar um pouco. Coe e adicione o mel e as moedas. Após seu banho normal, despeje o banho de prosperidade do pescoço para baixo, mentalizando abundância e pedindo a ajuda de Exú do Ouro.

Oração a Exú do Ouro

Você pode fazer uma oração simples o recitar palavras espontâneas, com fé, para ch mar sua energia. Um exemplo:

"Salve Exú do Ouro, senhor das riquez e das oportunidades! Com humildade, venh pedir que abra meus caminhos, traga prosp ridade, fartura e sucesso em meus negóc e empreendimentos. Que o ouro que circ em suas mãos abençoe minha vida financeir material, para que eu tenha sempre o suficien para viver com dignidade e ajudar ao próxim

Laroyê Exú!"

Meditação com Exú do Ouro

Um método mais introspectivo de conexão com Exú do Ouro é através da meditação. Visualize uma luz dourada, simbolizando a riqueza, que vem em sua direção. Imagine essa luz se espalhando por sua vida e abrindo portas para oportunidades.

Amuleto da Prosperidade de Exú do Ouro

Criar um amuleto de proteção e atração de riqueza sob a bênção de Exú do Ouro é uma forma de manter sua energia de prosperidade sempre por perto.

O que você vai precisar:

- Um pequeno saquinho de tecido dourado ou amarelo.

- 1 folha de louro (símbolo de vitória e prosperidade).
- 1 moeda dourada.
- 1 pedaço de canela em pau.
- Mel (algumas gotas).

Como fazer:

Em um altar ou espaço sagrado, consagre os itens com a energia de Exú do Ouro. Peça para que ele impregne esses elementos com sua força de riqueza e abundância.

Coloque no saquinho a folha de louro, a moeda e o pau de canela. Adicione algumas gotas de mel e feche o saquinho.

Carregue esse amuleto sempre com você, especialmente em sua bolsa ou carteira. Sempre que se sentir em uma situação difícil financeiramente, segure o amuleto e faça uma pequena oração pedindo a ajuda de Exú do Ouro para abrir seus caminhos.

Oferenda para Desbloquear Caminhos Financeiros

Quando a vida financeira está estagnada, um ritual poderoso é fazer uma oferenda específica para desbloquear caminhos financeiros.

O que você vai precisar:

- 1 cachaça de boa qualidade.
- 1 charuto.
- Mel.
- 7 moedas douradas.
- 3 velas vermelha, 3 velas preta e 3 velas dourada.

Como fazer:

Preferencialmente, uma encruzilhada ou um ponto de força no terreiro.

Coloque as velas vermelha, pretas e dourada no chão, lado a lado, e acenda-as.

Espalhe as 7 moedas ao redor das velas, enquanto faz suas preces para Exú do Ouro, pedindo que ele desbloqueie os caminhos financeiros e traga prosperidade.

Acenda o charuto e dê 3 baforadas para o lado esquerdo e 3 para o lado direito. Coloque-o no chão ao lado das velas. Derrame um pouco de cachaça no chão em volta das velas como oferenda.

Saia do local sem olhar para trás, sabendo que seus pedidos foram ouvidos.

Meditação com Visualização Dourada

Esse é um ritual simples que você pode fazer diariamente para atrair a prosperidade com a ajuda de Exú do Ouro.

Passos:

Sente-se em um lugar tranquilo.

Feche os olhos e comece a imaginar uma luz dourada brilhando à sua frente.

Visualize essa luz dourada envolvendo você e sua vida financeira. Imagine dinheiro entrando, oportunidades surgindo e seus caminhos se abrindo.

Enquanto visualiza, repita mentalmente ou em voz alta: "Exú do Ouro, traga-me prosperidade e sucesso. Laroyê Exú!"

Faça isso por 5 a 10 minutos, todos os dias.

Defumação de Prosperidade

A defumação é uma prática comum em muitas tradições espirituais e pode ser usada para limpar energias negativas e atrair boas vibrações, inclusive prosperidade. Exú do Ouro pode ser invocado através dessa prática.

O que você vai precisar:

- Incenso ou ervas secas como louro, alecrim, canela, eucalipto e manjericão.
- Um carvão ou braseiro.
- Um defumador (ou recipiente de barro/metal seguro para queimar as ervas).
- 1 vela dourada para Exú do Ouro.

Como fazer:

Acenda a vela dourada para Exú do Ouro e faça suas preces pedindo que ele abençoe a lefumação e traga prosperidade e riqueza para ɔ espaço.

Coloque o carvão em brasa no defumador e acrescente as ervas ou o incenso. Ao fazer isso, visualize as energias de bloqueio e escassez sendo dissipadas pela fumaça.

Comece pela porta de entrada, passando a fumaça pelas portas e janelas, mentalizando abundância, boas oportunidades e abertura de caminhos.

Enquanto caminha pelo espaço, peça a Exú do Ouro para que remova os obstáculos e traga riqueza e estabilidade financeira para todos que vivem ou trabalham ali.

Ritual da Prosperidade com Mel e Canela

Este é um ritual de prosperidade para atrair novas oportunidades financeiras, ideal para quem deseja iniciar novos projetos ou empreendimentos.

O que você vai precisar:

- 1 Alguidar pequeno
- Mel.
- Canela em pó.
- 7 velas Pretas e 7 velas dourada.
- 7 moedas douradas.

Como fazer:

Tome um banho de limpeza antes do ritual (pode ser com ervas como arruda, alecrim ou manjericão).

No alguidar, faça um círculo com as moedas. No centro do círculo, despeje o mel e, por cima do mel, polvilhe a canela em pó.

Coloque as velas ao redor do alguidar, e acenda-as.

Faça uma oração a Exú do Ouro, pedindo que ele traga prosperidade, sucesso e novas oportunidades. Mentalize seus objetivos financeiros sendo alcançados.

Deixe as velas queimarem até o final. Após o ritual, as moedas podem ser guardadas com você como um símbolo de prosperidade. O mel e a canela podem ser despejados ao pé de uma árvore frondosa.

Amarração de Prosperidade com Fita Dourada

Essa prática utiliza uma fita dourada para "amarrar" simbolicamente a energia de prosperidade ao seu campo energético.

O que você vai precisar:

- 1 fita dourada.
- 1 vela dourada.
- 1 moeda de ouro ou dourada.

Como fazer:

Coloque a vela dourada em um altar ou local sagrado e acenda-a, pedindo a Exú do Ouro que abençoe sua vida financeira e traga abundância.

Segure a moeda e a fita dourada nas mãos, e faça uma oração ou pedido específico de prosperidade. Pode ser algo como: "Exú do Ouro, que esta fita represente a riqueza e a fartura que desejo atrair para minha vida. Que meus caminhos sejam abertos e que o ouro flua livremente para mim."

Amarre a fita dourada em um objeto que você usa frequentemente, como uma carteira, bolsa ou chaveiro, para manter a energia de prosperidade sempre com você.

A moeda deve ser guardada em um local especial, como em sua mesa de trabalho ou no local onde guarda seu dinheiro.

Ritual das Sete Moedas na Encruzilhada

Esse ritual é voltado para desbloquear áreas da vida financeira que estejam "travadas" ou para quem precisa de ajuda imediata em questões financeiras. É uma prática poderosa e requer respeito.

O que você vai precisar:

- 7 moedas douradas.
- 1 garrafa de cachaça.
- 1 charuto.
- 1 vela preta ou vermelha.

Como fazer:

Escolha uma encruzilhada, esse ritual é feito preferencialmente em uma encruzilhada (ponto de cruzamento de ruas). Verifique se é um local seguro e discreto.

Acenda a vela no centro da encruzilhada.

Posicione as 7 moedas ao redor da vela, formando um círculo.

Abra a garrafa de cachaça e despeje um pouco no chão, oferecendo a Exú do Ouro. Acenda o charuto, dê três baforadas para a esquerda e três para a direita, pedindo a abertura de caminhos financeiros e prosperidade.

Faça seu pedido com fé, pedindo a Exú do Ouro que ajude a destravar seus caminhos financeiros. Quando terminar, deixe a vela queimar e saia sem olhar para trás.

Consagração de Carteira para Atrair Dinheiro

Este ritual consiste em consagrar a su carteira ou local onde guarda dinheiro, pedind as bênçãos de Exú do Ouro para atrair dinheir e mantê-lo em sua vida.

O que você vai precisar:

- 1 vela dourada.
- 1 pouco de mel.
- 3 folhas de louro.
- Canela em pó.

Como fazer:

Em seu altar ou em um espaço sagrad acenda a vela dourada e faça uma oraç pedindo prosperidade a Exú do Ouro.

Coloque um pouco de mel dentro da carteira (se possível) ou passe um pouco de mel ao redor dela. Acrescente as 3 folhas de louro dentro da carteira, junto com uma pitada de canela.

Com a carteira em mãos, diga: "Exú do Ouro, que essa carteira nunca fique vazia, que o dinheiro entre e circule, e que eu tenha sempre prosperidade e fartura. Laroyê Exú!"

Guarde a carteira com as folhas de louro dentro por pelo menos 7 dias. Depois, você pode trocá-las ou deixá-las até sentirem que estão "secas" ou sem energia.

Ritual da Prosperidade com Mel, Fita e Ouro

Este ritual é voltado para atrair riqueza de forma contínua e simboliza a permanência da prosperidade. Ele envolve o uso de mel e ouro, elementos associados à abundância e à energia de Exú do Ouro.

O que você vai precisar:

- Uma fita dourada

- Uma pequena joia de ouro (pode ser uma corrente, anel ou qualquer objeto de ouro).

- Mel puro.

- Uma vela amarela ou dourada.

Como fazer:

Em seu altar ou espaço sagrado, coloque a vela dourada e acenda-a, pedindo proteção e luz de Exú do Ouro para iniciar o ritual.

Pegue a joia de ouro e passe uma pequena quantidade de mel sobre ela, visualizando a prosperidade entrando em sua vida e permanecendo com você.

Com a joia coberta de mel, pegue a fita dourada e amarre-a suavemente na joia. Ao fazer isso, mentalize que está "amarrando" a prosperidade e a estabilidade financeira à sua vida.

Segure a joia com a fita nas mãos e faça uma oração a Exú do Ouro. Diga algo como: "Exú do Ouro, eu te peço que abençoe minha vida financeira, que a prosperidade me siga por onde eu for, e que o ouro esteja sempre presente em meus caminhos. Laroyê Exú!"

Deixe a joia e a fita próximas à vela até que ela queime completamente. Depois, use a joia sempre que precisar de um reforço em sua vida financeira ou guarde-a em um lugar especial como um amuleto.

Ritual de Abertura de Caminhos com Exú do Ouro

Este ritual é ideal para quem está enfrentando bloqueios na vida financeira, como dificuldade em conseguir trabalho, vendas baixas ou estagnação nos negócios.

O que você vai precisar:

- Uma vela preta.
- Uma vela dourada.
- Um copo de cachaça.
- Um charuto.
- 7 moedas douradas.

Como fazer:

Esse ritual pode ser feito em casa ou em uma encruzilhada, dependendo de sua experiência e conexão com Exú.

Coloque as velas preta e dourada lado a lado e acenda-as. A vela preta representa Exú e a dourada, Exú do Ouro.

Coloque o copo de cachaça e as 7 moedas ao lado das velas. Acenda o charuto, dê três baforadas e coloque-o ao lado das oferendas.

Com fé, faça uma oração a Exú do Ouro pedindo que ele abra seus caminhos financeiros. Pode ser algo como: "Exú do Ouro, com humildade venho pedir sua ajuda. Que os caminhos financeiros se abram para mim, que as dificuldades desapareçam e que a prosperidade tome seu lugar. Laroyê Exú!"

Deixe as velas queimarem até o fim. As moedas podem ser guardadas como amuletos ou levadas a uma encruzilhada na semana seguinte como forma de agradecimento.

Oferenda ao Pé de Árvore para Abertura de Caminhos

Este é um ritual de oferenda simples que pode ser feito ao pé de uma árvore frondosa, um símbolo de força e estabilidade, para atrair riqueza e desbloquear caminhos financeiros.

O que você vai precisar:

- 1 vela amarela ou dourada.
- 1 charuto.
- 1 copo de cachaça.
- Mel.
- Farinha de milho ou fubá.

Como fazer:

Procure uma árvore forte e saudável, de preferência em um lugar tranquilo. Limpe sua mente e esteja em paz antes de começar o ritual.

No pé da árvore, faça um círculo com a farinha de milho ou fubá, simbolizando um ciclo contínuo de prosperidade. No centro do círculo, despeje um pouco de mel e coloque o copo de cachaça ao lado.

Coloque a vela amarela ou dourada ao lado do círculo de farinha e acenda-a. Ao fazer isso, faça uma oração pedindo a Exú do Ouro que abençoe sua vida financeira.

Acenda o charuto e dê três baforadas para cada lado (esquerda, direita, frente e atrás), pedindo que os caminhos sejam abertos e a prosperidade venha até você.

Com fé, peça a Exú do Ouro que desbloqueie todos os obstáculos financeiros e traga riquezas e oportunidades. Deixe a oferenda ali, sabendo que seus pedidos foram ouvidos.

Ritual das 7 Velas de Prosperidade

Esse ritual é utilizado para pedidos de longo prazo, em que a prosperidade seja contínua e os caminhos permaneçam abertos por tempo prolongado. As 7 velas representam as sete forças de Exú trabalhando a seu favor.

O que você vai precisar:

- 7 velas douradas.
- Mel.
- 7 moedas douradas.
- Um copo de cachaça.

Como fazer:

Coloque as 7 velas em círculo em seu altar ou em um espaço seguro. No centro, coloque as moedas e despeje um pouco de mel sobre elas.

Comece a acender as velas uma por uma, enquanto faz seus pedidos a Exú do Ouro. Com cada vela acesa, reforce seu pedido de prosperidade e abertura de caminhos.

Coloque o copo de cachaça no centro das velas, representando a energia de Exú. Peça que ele abençoe suas finanças e que as 7 forças de Exú trabalhem para trazer riqueza e sucesso.

Faça uma oração com suas próprias palavras ou recite uma prece tradicional de Exú, sempre pedindo prosperidade e gratidão por suas bênçãos.

Permita que as velas queimem até o fim. As moedas podem ser guardadas em sua casa ou negócio como talismãs de prosperidade.

Oferenda ao Mar ou Rio

Exú do Ouro, como senhor da riqueza, também tem uma conexão forte com o fluxo das águas, que simboliza o movimento de abundância e riquezas que vêm e vão. Este ritual pode ser feito próximo a um rio, lago ou mar.

O que você vai precisar:

- 1 barquinho de papel ou madeira (feito à mão ou comprado).
- Mel.
- 7 moedas douradas.
- Flores amarelas.

Como fazer:

Coloque as moedas e as flores dentro do barquinho. Despeje um pouco de mel sobre elas, simbolizando a doçura da prosperidade fluindo até você.

Vá até a margem de um rio, lago ou mar. Coloque o barquinho na água e faça uma oração a Exú do Ouro, pedindo que as águas levem seu pedido de prosperidade e que os caminhos se abram.

Solte o barquinho na água e, enquanto ele se move, visualize suas finanças melhorando, novas oportunidades chegando e sua vida financeira prosperando.

Ao terminar o ritual, agradeça a Exú do Ouro e às forças da natureza, pedindo que sua prosperidade seja constante.

Ritual de Fortalecimento Financeiro com Dendê

O dendê é um elemento poderoso nas oferendas a Exús e é visto como um ingrediente que simboliza força, energia e movimento. Este ritual é voltado para quem deseja resolver problemas financeiros rapidamente e fortalecer suas finanças.

O que você vai precisar:

- 1 vela dourada ou amarela.
- 1 copo de dendê.
- 7 moedas douradas.
- 1 charuto.
- Farinha de milho ou fubá.

Como fazer:

Coloque a vela dourada ou amarela no centro do altar e acenda-a, pedindo que Exú do Ouro ilumine seu caminho financeiro.

Desenhe um círculo com a farinha de milho ou fubá no chão ou em uma bandeja. Esse círculo representará o ciclo de prosperidade que você deseja em sua vida.

No centro do círculo, despeje um pouco de dendê. Isso simboliza a energia e o movimento financeiro que você quer ativar.

Coloque as 7 moedas em volta do círculo, mentalizando que elas representam as entradas de dinheiro que você espera atrair para sua vida.

Acenda o charuto e dê três baforadas ao redor do círculo, pedindo que Exú do Ouro fortaleça sua vida financeira e elimine os bloqueios.

Faça uma oração pedindo prosperidade, sucesso financeiro e resolução de problemas econômicos. Algo como: "Exú do Ouro, que a energia desse dendê mova minhas finanças, que o dinheiro entre, e que nada me falte. Laroyê Exú!"

Deixe a vela queimar até o final. O dendê e as moedas podem ser deixados ao pé de uma árvore como oferenda ou em uma encruzilhada.

Ritual de Prosperidade com Sal Grosso e Moedas

Este ritual é excelente para quem deseja atrair prosperidade enquanto remove energias negativas ou obstáculos que possam estar bloqueando o fluxo de dinheiro.

O que você vai precisar:

- 1 vela amarela ou dourada.
- 1 Alguidar pequeno.
- Sal grosso.
- 7 moedas douradas.

Como fazer:

No centro do alguidar, faça um pequeno monte de sal grosso. Ao redor do sal, posicione as 7 moedas em círculo.

Coloque a vela amarela ou dourada ao lado do alguidar e acenda-a, pedindo a Exú do Ouro que limpe qualquer energia negativa que esteja bloqueando sua vida financeira.

Com fé, faça uma oração pedindo que Exú do Ouro remova os obstáculos que impedem o fluxo de prosperidade. Pode ser algo como: "Exú do Ouro, com a força desse sal e dessas moedas, peço que limpe meu caminho financeiro, removendo bloqueios e trazendo prosperidade e abundância para minha vida."

Deixe a vela queimar até o final. O sal pode ser jogado no pé de uma árvore sem espinhos e as moedas guardadas como amuletos de prosperidade.

Ritual do Círculo de Proteção e Prosperidade com Exú do Ouro

Este ritual é voltado para quem deseja não só atrair prosperidade, mas também criar uma barreira de proteção financeira em torno de suas posses e ganhos.

O que você vai precisar:

- 1 vela preta (para proteção).
- 1 vela dourada (para prosperidade).
- 7 moedas douradas.
- Sal grosso.
- Mel.

Como fazer:

Em um local tranquilo, faça um círculo de proteção com o sal grosso no chão. Dentro desse círculo, coloque as moedas em formato de triângulo, com uma vela preta em um vértice e a vela dourada no outro.

Primeiro, acenda a vela preta pedindo proteção financeira e, em seguida, acenda a vela dourada para atrair prosperidade.

Coloque um pouco de mel no centro do triângulo formado pelas moedas, pedindo a Exú do Ouro que abençoe suas finanças e proteja seu dinheiro de qualquer energia negativa ou perdas inesperadas.

Faça uma oração a Exú do Ouro, pedindo que ele proteja seu dinheiro, seus bens e traga prosperidade. Pode ser algo como: "Exú do Ouro, que com sua força e sabedoria, proteja meu caminho financeiro, blindando-me de perdas e trazendo oportunidades de riqueza e sucesso. Laroyê Exú!"

Deixe as velas queimarem até o final. O sal grosso pode ser descartado, as moedas podem ser guardadas como amuletos ou colocadas em seu local de trabalho ou na carteira.

Oferenda de 7 Frutas para Exú do Ouro

Essa oferenda é feita para agradecer por bençãos financeiras recebidas ou para pedir por prosperidade constante. As frutas representam abundância, enquanto as moedas simbolizam o fluxo contínuo de riquezas.

O que você vai precisar:

- 7 frutas (como laranjas, mangas, uvas, bananas).
- 7 moedas douradas.
- 1 vela dourada.
- Mel.
- Um copo de cachaça.

Como fazer:

Em um alguidar, organize as 7 frutas e coloque uma moeda ao lado de cada uma.

Coloque a vela dourada ao lado do alguidar e acenda-a, pedindo a Exú do Ouro que abençoe sua vida financeira.

Despeje um pouco de mel sobre as frutas e coloque o copo de cachaça ao lado como oferenda.

Com fé, faça uma oração agradecendo por todas as bençãos financeiras recebidas ou pedindo que Exú do Ouro continue a trazer prosperidade para sua vida. Pode ser algo como: "Exú do Ouro, com essas frutas, peço que sua energia continue abençoando minha vida financeira, que a abundância nunca falte e que as oportunidades de riqueza se multipliquem. Laroyê Exú!"

A oferenda pode ser deixada em uma encruzilhada ou ao pé de uma árvore sem espinhos. As moedas podem ser guardadas em casa ou no local de trabalho.

Ritual da Prosperidade com Óleo de Dendê e Pó de Ouro

Este ritual é focado em abrir grandes portas financeiras, desbloqueando oportunidades significativas, como promoções no trabalho, novos contratos ou grandes negócios.

O que você vai precisar:

- 1 vela dourada.
- Óleo de dendê.
- Pó de ouro
- Um prato de barro ou alguidar.

Como fazer:

Coloque a vela dourada no centro do prato de barro e derrame um pouco de óleo de dendê ao redor da vela.

Polvilhe o pó de ouro: Espalhe o pó de ouro ao redor do óleo de dendê, simbolizando a riqueza que você deseja atrair.

Acenda a vela dourada e, enquanto faz isso, visualize as portas financeiras se abrindo para você.

Com fé, faça uma oração a Exú do Ouro, pedindo que ele desbloqueie grandes oportunidades de prosperidade. Pode ser algo como: "Exú do Ouro, que sua força me abra as portas da prosperidade. Que os grandes negócios, contratos e riquezas venham ao meu encontro. Laroyê Exú!"

Deixe a vela queimar até o final. O óleo de dendê e o pó de ouro podem ser usados para ungir um amuleto ou guardados como símbolo de prosperidade.

Ritual de Dinheiro Rápido com Exú do Ouro

Este é um ritual simples e rápido, ideal para quem precisa atrair dinheiro urgente, seja para pagar contas, resolver uma dívida ou uma emergência financeira.

O que você vai precisar:

- 1 vela dourada.
- 7 moedas douradas.
- Mel.
- Um copo de cachaça.

Como fazer:

Coloque a vela dourada no centro do altar e ao lado dela posicione as 7 moedas.

Acenda a vela pedindo que Exú do Ouro traga rapidamente o dinheiro que você precisa.

Despeje um pouco de mel sobre as moedas e coloque o copo de cachaça ao lado como oferenda.

Faça uma oração simples e direta, pedindo a Exú do Ouro que traga rapidamente o dinheiro que você necessita. Algo como: "Exú do Ouro, peço que sua energia traga o dinheiro de que preciso de forma urgente. Que os caminhos se abram para que eu possa resolver meus problemas financeiros. Laroyê Exú!"

Deixe a vela queimar até o final. As moedas podem ser guardadas em sua carteira ou no local onde você guarda seu dinheiro, para atrair mais.

Ritual das 7 Chaves de Ouro

Este ritual simboliza a abertura de caminhos financeiros e de prosperidade. As 7 chaves representam portas que se abrem em diferentes aspectos da vida, desde oportunidades de negócios até investimentos financeiros.

O que você vai precisar:

- 7 chaves douradas (pode ser um chaveiro ou uma réplica de chave).
- 1 vela dourada.
- 1 copo de cachaça.
- 7 moedas douradas.
- Mel.

Como fazer:

Coloque a vela dourada no centro e, ao lado, as chaves. Coloque as 7 moedas em círculo ao redor da vela.

Acenda a vela dourada pedindo a Exú do Ouro que abra os caminhos financeiros e de prosperidade em sua vida.

Pegue um pouco de mel e passe em cada moeda, visualizando cada uma delas como uma chave que abre novas oportunidades.

Coloque o copo de cachaça ao lado como oferenda a Exú do Ouro, pedindo sua proteção e bênção.

Faça uma oração para que cada chave, abra uma nova porta de prosperidade e riqueza. Diga algo como: "Exú do Ouro, que essas 7 chaves abram os caminhos da abundância em minha vida. Que cada moeda represente uma porta aberta para o sucesso e a prosperidade. Laroyê Exú!"

Deixe a vela queimar até o final. As moedas podem ser guardadas em casa ou no local de trabalho. As chaves devem serenterradas em um jardim ou mata, a cada pedido realizado, como simbolismo de conclusão alcançado do seu pedido.

Ritual da Lua Cheia para Prosperidade

A Lua Cheia é um período de grande poder energético, e este ritual é ideal para quem deseja amplificar sua conexão com Exú do Ouro e atrair mais prosperidade durante esse ciclo lunar.

O que você vai precisar:

- 1 vela dourada.
- 7 moedas douradas.
- 1 alguidar.
- Mel.
- Um punhado de arroz.

Como fazer:

Esse ritual deve ser feito em uma noite de Lua Cheia ou nas proximidades da fase lunar.

Coloque a vela dourada no centro do alguidar e as 7 moedas ao redor. Despeje um pouco de mel sobre as moedas e coloque o arroz ao redor da vela como símbolo de abundância.

Acenda a vela e, ao mesmo tempo, faça uma oração a Exú do Ouro, pedindo que a energia da Lua Cheia amplifique sua prosperidade.

Feche os olhos e visualize a luz da Lua Cheia energizando as moedas, o arroz e a vela. Mentalize essa energia de prosperidade entrando em sua vida.

Diga algo como: "Exú do Ouro, com a força da Lua Cheia, peço que sua energia traga prosperidade, sucesso e abundância. Que eu sempre tenha fartura e riquezas em minha vida. Laroyê Exú!"

Deixe a vela queimar até o final. As moedas e o arroz podem ser guardados em casa como símbolos de prosperidade.

Ritual com Óleos Essenciais para Atração de Riqueza

Os óleos essenciais podem ser usados para atrair boas energias e ativar a prosperidade. Este ritual combina o uso de óleos com a energia de Exú do Ouro para desbloquear oportunidades financeiras.

O que você vai precisar:

- Óleo essencial de canela (atração de dinheiro).
- Óleo essencial de laranja (prosperidade e alegria).
- 1 vela dourada.
- 7 moedas douradas.

Como fazer:

Antes de acender a vela dourada, unte-a com o óleo de canela e o óleo de laranja, mentalizando a prosperidade que você deseja atrair.

Coloque a vela no centro de seu altar e ao redor dela coloque as 7 moedas.

Acenda a vela dourada pedindo a Exú do Ouro que traga prosperidade e sucesso financeiro.

Inale profundamente os óleos, sentindo suas propriedades de atração de riqueza e felicidade. Visualize oportunidades financeiras vindo até você.

Faça uma oração simples a Exú do Ouro, pedindo que ele amplifique sua energia de prosperidade. Diga algo como: "Exú do Ouro, que com o poder desses óleos e desta chama, a prosperidade flua livremente até mim. Que a riqueza e o sucesso sejam abundantes em minha vida. Laroyê Exú!"

Deixe a vela queimar até o final. As moedas podem ser guardadas como amuletos.

Considerações Importantes

- **Confiança e Fé:** A eficácia dos rituais depende de sua fé e conexão com Exú do Ouro. Ao fazer qualquer prática espiritual, mantenha sua mente clara e confiante.

- **Atenção aos Sinais:** Exú é conhecido por enviar sinais e respostas claras aos seus devotos. Fique atento a sonhos, mudanças súbitas de sorte ou oportunidades que surgem após realizar os rituais.

- **Regularidade:** Assim como qualquer prática espiritual, a regularidade fortalece a conexão. Você pode realizar alguns desses rituais mensalmente ou sempre que sentir necessidade de renovar as energias de prosperidade.

EDITORA ROCHAVERÁ

Rua Manoel Dias do Campo, 224 – Vila Santa Maria – São Paulo – SP - CEP: 02564-010

Tel.: (11) 3951-0458

WhatsApp: (11) 98065-2263

comercial@editorarochavera.com.br

Instagram: @LivrariaRochaverá

www.editorarochavera.com.br